BEI GRIN MACHT SICH IHR WISSEN BEZAHLT

Meisterschaftsturniere. Überlegungen aus Anlass der Fußball-Europameisterschaft und der Olympischen Spiele 2021

Das Verhältnis von Religion und Sport

Karl-Fritz Daiber

Bibliografische Information der Deutschen Nationalbibliothek:

Die Deutsche Nationalbibliothek verzeichnet diese Publikation in der Deutschen Nationalbibliografie; detaillierte bibliografische Daten sind im Internet über http://dnb.d-nb.de abrufbar.

ISBN: 9783346505620
Dieses Buch ist auch als E-Book erhältlich.

Druck und Bindung: Books on Demand GmbH, Norderstedt Germany
Gedruckt auf säurefreiem Papier aus verantwortungsvollen Quellen

Das vorliegende Werk wurde sorgfältig erarbeitet. Dennoch übernehmen Autoren und Verlag für die Richtigkeit von Angaben, Hinweisen, Links und Ratschlägen sowie eventuelle Druckfehler keine Haftung.

Das Buch bei GRIN: https://www.grin.com/document/1133692

Karl-Fritz Daiber

Meisterschaftsturniere

Überlegungen aus Anlass der Europa-Fußball- Meisterschafts- Spiele 2021

und der Olympischen Spiele in Tokio 2021

unter der speziellen Fragestellung nach dem

Verhältnis von Religion und Sport

Motto

Alles nur Zufall

Zufall oder was sonst denn

Nichts ist nur Zufall

Am 23. Mai 2021

Inhalt

Inhalt

Einleitung: Persönliche Erinnerungen und erste Hypothesen

Nur ein einziges Mal, nein, vielleicht auch zwei Mal, war ich in einem Fußballstadion unter den Zuschauern.

In der Zeit meiner Kindheit und Jugend galt Fußball als Sport der unteren Sozialschichten, der Fabrikarbeiter. Die feineren Leute spielten Handball. Fußball war zu gewalttätig und grob. Während meiner Studienzeit in Tübingen und Erlangen war ich an keiner Sportform interessiert. In Creglingen, dem Ort meiner frühen Pfarrerzeiten, gab es einen Fußballplatz und einen Verein. Ich hatte zu tun und keine Zeit für Fußball. Aber das Interesse an Fußball begann heraufzudämmern: Der VfB Stuttgart fand insofern mein Interesse, als ich den jeweiligen Platz in der Tabelle zur Kenntnis nahm. Dies galt nicht für die Spiele von Hannover 96. Ich nahm kaum zur Kenntnis, ob der Verein der Meisterschaft näher war als dem Abstieg.

Nun hatte ich eine Kollegin im Institut, eine Soziologin, deren Ehemann Fußballtrainer war. Sie schenkte mir zwei Karten, um im Stadion das Spiel Hannover gegen Bremen mitzuerleben. Leider klatschte und stöhnte ich für die falsche Mannschaft, nicht für Hannover also, sondern für Bremen. Es war mir peinlich.

Gleichwohl hatte ich damals ein Schlüsselerlebnis. Noch heute höre ich das Stöhnen der Hannoveraner Fans, wenn der Torschuss das Tor verfehlte. Und ich höre noch die anfeuernden Rufe, wenn Hannover zum Angriff überging. Es war die tiefe Identifikation der Zuschauer mit den Spielern. Fan-Vereine gab es damals noch nicht. Dass sie nach und nach entstanden sind, kann ich verstehen. Fußball zu erleben ist faszinierend, möglicherweise ein Faszinosum oder etwas, das mit Religion zu tun hat. Nicht mit der Kirche, nicht mit dem Christentum, sondern mit einer religiösen Gestimmtheit, die man gerade in der volkskirchlichen Religion und ihrer dogmatischen Strenge nicht erleben kann. Gottesdienste sind an feststehende Liturgien gebunden. Erst neulich haben sich weltweit christliche Gemeinschaften entwickelt, die die neutestamentliche Zungenrede aufnehme, und ekstatische Äußerungen geradezu hervorzurufen versuchen. In den Jahren nach 1990 habe ich immer wieder

1

Texte veröffentlicht, die den Zusammenhang zwischen religiöser Erfahrung und Erfahrungen bei Spielen in Fußballstadien nachgehen (Daiber 1997, 189- 201).

Inzwischen hat sich der Säkularisierungsprozess der westeuropäischen und nordamerikanischen Gesellschaften weiter verstärkt. Religiös zu nennende Lebenserfahrungen in Fußballstadien sind für Religionssoziologen allenfalls „Säkularisate", Hüllen religiöser Erfahrung, die religionsverwandt oder - ähnlich sind, aber inhaltlich mit Religion ganz und gar nichts zu tun haben. Der Torschuss, der daneben geht, ist ein unglücklicher Zufall, das falsche Dirigat des Trainers, das falsche Stadion sind einfach nur Unglück. Oder ist es doch Glück, wenn der Spieler trifft und das Publikum emotional jubelt? Die Fußballexperten verwenden den Begriff Glück nicht, sondern sprechen von Können, vermittelt vom Trainer und seinen sportwissenschaftlichen Erkenntnissen.

Was beim Fußball zu beobachten ist, gilt für viele moderne Sportarten, von Autorennen bis zur Tour de France. Dort entscheiden das Fahrrad, die Qualität des Rennwagens, die Qualität der Reifen oder die Tageskondition der entsprechenden Sportsleute.

Im Folgenden konzentriere ich mich aus gegebenem Anlass auf die Europa-Fußballmeisterschaften 2021 und auf die Olympischen Spiele in Tokio 2021. Im Vordergrund stehen hier Turniere.

Grundbegriffe

Meisterschaftsturniere als Format

Was ich begrifflich erfassen will, ist, was in der Sportwissenschaft „Turnierform" genannt wird. Nach einer Prüfung der Terminologie, vor allem auch unter der Fragestellung, ob die Olympischen Spiele zureichend erfasst werden können, habe ich mich dafür entscheiden, bei meinem ursprünglichen Begriff der Form zu bleiben. Formate werden festgelegt, in diesem Sinne sind sie akzidentiell. Sie können als Rahmenbedingungen verstanden werden, in denen Sportspiele ausgetragen werden. Europameister und Weltmeister, ebenso die Medaillengewinner bei Olympiaden, sind nicht die Besten schlechthin, sondern werden aufgrund der vom jeweiligen Format festgelegten Bedingungen zu den Besten.

Die Fußballorganisationen auf internationaler und nationaler Ebene legen Formate fest. Diese sind von ihren Interessen bestimmt. Der Fußball hat unendlich viele Freunde, in Vereinen organisiert oder nicht organisiert, als Radiohörer oder Fernsehzuschauer. Sponsoren machen sich diese Interessen zunutze. Fußballschuhe fallen nicht vom Himmel, sie werden von Firmen produziert, die untereinander konkurrieren.

Es gibt verschiedene Ebenen, auf denen Formate ausgebildet werden. Wichtiger als die internationale Ebene sind die nationalen Ebenen, etwa in Deutschland die Bundesliga und ihre nationalen Pokalspiele.

Damit sind nur die wichtigsten internationalen und nationalen Formate genannt. Nicht zu vergessen: Selbst die Hinterhofsiele stellen Formate dar, wenig formalisiert, aber doch bestimmten Ordnungen unterworfen.

Kurzum: Formate sind Rahmenbedingungen für die Austragung von Wettkämpfen unterschiedlicher Art. Wichtiges Merkmal von Formaten ist die Festlegung von Regeln für die Fairness, deren Einhaltung während der Spiele überwacht wird. Selbst in den Hinterhofspielen der Jungen und Mädchen entwickeln sich Regeln für Fairness, die eingehalten werden müssen. Manchmal werden diese nur durch Zuschauer kontrolliert.

Das Format Europa-Fußballmeisterschaften

Am auffälligsten: Es gibt kein Unentschieden und demnach keine zwei Besten, es gibt nur einen Meister. Um den einen zu ermitteln, sind Regeln entwickelt worden. Im Falle eines Unentschiedens in der regulären Spielzeit schließt sich eine Phase der ergänzenden Spielzeit an. Besteht dann noch ein Unentschieden, wird der Beste – der Meister – über das Elfmeterschießen ermittelt.

Der kritische Betrachter kann fragen, ob die Aufhebung des Unentschiedens nicht höchst artifiziell ist, nicht lebensnah, künstlich und deshalb unrichtig.

Die Akteure im Format Europa-Fußballmeisterschaften

Stadien

Keine Großstadt in Europa und anderswo kann auf ein großes Stadion verzichten. Stadien sind die teuersten Repräsentativbauten der großen Städte. Wimbledon steht wohl an der Spitze und München kann sich sehen lassen. Alle Städte, die Ausgrabungsorte Olympischer Sommerspiele sind und waren, haben gigantische Stadien gebaut. Hier sind Berlin, Seoul und 2021 Tokio zu nennen. Wer in solchen Stadien spielt, empfindet Ehre und Glück. Zumindest im christlichen Europa haben die Stadien die großen Dome abgelöst. Notre Dame in Paris ist säkulares Nationaldenkmal geblieben. Der Kölner Dom oder das Ulmer Münster repräsentierten auch Bürgerstolz. Heute sind es mehr die Stadien. Vielleicht ist es nicht ganz falsch beim Sport oder speziell beim Fußball von Sportreligion zu sprechen, um dem Symbolwert der Stadien gerecht zu werden.

Die Spieler

Wer kennt heutzutage nicht die Namen der großen Fußballspieler: neue Heroen, Uwe Seeler, unvergessen. Und heute: Manuel Neuer oder Thomas Müller. Selbst in China konnte man große Fotos von ihm entdecken, in T-Shirt-Geschäften, um Kunden anzulocken. Konfuzius trat in den Hintergrund und die christlichen Heiligen in Europa allemal. Die bedeutenden Spieler sind Vorbild für die Durchschnittlichen. Doch was ist, wenn Thomas Müller danebenschießt? Auch christliche Heilige waren nicht immer heilig.

Die Schiedsrichter

Schiedsrichter müssen eine Ausbildung durchlaufen haben. Wie diese abläuft, entscheiden die nationalen Verbände. Natürlich gibt es auch Laien-Schiedsrichter, sogenannte Hinterhofpfeifer. Die große Bühne des öffentlichen Fußballs erreichen sie nicht.

In den großen Turnieren entscheiden Schiedsrichter über Fußballglück und Fußballpech. Sie haben eine Aufgabe zu bewältigen, die trotz aller elektronischen Geräte zu Situationen führt, die das Menschenmögliche übersteigt. Wenn ihre Entscheidungen Nachspielzeiten oder gar ein Elfmeterschießen nötig machen, sind sie an Sieg oder Niederlage einer Mannschaft indirekt beteiligt. Man kann fragen: Ist hier nicht die Grenze des Menschenmöglichen überschritten? Wäre es nicht besser, den Würfel entscheiden zu lassen? Auch ehrlicher? Die unterlegene Mannschaft könnte es wahrscheinlich als erträglicher empfinden.

Die Trainer

In den großen Turnieren können nur solche Männer und Frauen eingesetzt werden, die von den Verbänden lizensiert sind. Auch wenn sie oft eine Vergangenheit als Spieler haben, müssen sie eine Ausbildung vorweisen. Sie müssen etwa an der Sporthochschule in Köln studiert und dort einen Grad erworben haben. Trainer sind Sportwissenschaftler. Vor dem Spiel analysieren sie den Gegner. Sie entscheiden, welcher Spieler wann und wie lange auf dem Feld ist und in welcher Position er spielt. Sie geben Anweisungen während des Spiels. Nach dem Spiel suchen sie nach Gründen für Sieg und Niederlage. Kontingenz ist für sie ein unbekannter Begriff und vom Fußballgott zu reden ist Unsinn. Darum nehmen sie die Verantwortung für Niederlagen voll auf sich. So etwa Joachim Löw, nach dem Debakel von 2021. Und andere Verantwortliche stimmen dem zu. Trainer können in solchen Fällen entlassen werden

Das Publikum in den Stadien

Vor dem eigenen Publikum spielen zu können, ist ein Privileg, insbesondere, wenn die Zuschauerinnen und Zuschauer in Fanclubs organisiert sind. Sie unterstützen ihre Mannschaft. Sie feuern sie an. Sie jubeln, wenn die eigene Mannschaft ein Tor macht und stöhnen kollektiv, wenn der Gegner ein Tor schießt. Wenn gar das Tor über Sieg und Niederlage entscheidet, verlassen sie vorzeitig das Stadion. Enttäuschungen wollen verarbeitet werden, eher allein als in der Kneipe. Kontingentes ist schwer erträglich, Glück wohl, aber Unglück nicht.

Die Rituale des Beginns und des Abschlusses

Warum sind Anfang und Ende der Turniere so hochgradig ritualisiert? Die Spieler ziehen feierlich ein, etwa mit Kinderbegleitung. Mit dem Singen der Nationalhymne, leise lispelnd die Deutschen, begeistert viele andere Nationen. Wann hat man schon die Gelegenheit, öffentlich und kollektiv zu singen? In den christlichen Denominationen ist dies ein Brauch des Gotteslobes. Ob dies der Ursprung des Singens bei Meisterschaften ist?

Und am Schluss des Turniers die Überreichung des Pokals. Man müsste dem Ursprung dieses Brauchs nachgehen. Jedenfalls spielt das Trinken aus einem Becher im christlichen Abendmahl eine wichtige Rolle. Allerdings ist der Pokal auch im alten Griechenland und bei den Römern wichtig. Nicht immer als Glückssymbol, sondern auch als Zeichen des Verrats. Offenbar ist der Pokal im Abendland ein wichtiges Symbol.

Sekundär: Das Publikum an den Bildschirmen

Wie es wohl in den Wohnzimmern und Kneipen zugegangen sein mag, als Tore fielen, das Elfmeterschießen zu Ende war oder die favorisierte Mannschaft gewonnen oder verloren hat?

Manche Leute verlassen das Wohnzimmer, ehe das Elfmeterschießen zu Ende ist.

Einschaltquoten sind messbar. Muss man nicht Übertragungsrechte kaufen? Die übertragenen Turniere sind Geld wert.

Die deutsche Nationalmannschaft bei der Europa-Fußballmeisterschaft 2021 - Ein glückloses Trauerspiel

Es sollte das letzte Turnier des Bundestrainers Joachim Löw sein. Er war bereits der Weltmeisterschaftstrainer von 2014. Zwischen 2014 und 2021 waren das deutsche Team und der Trainer nicht gerade erfolgreich. Stolz trug man selbst an den Masken die vier-Sterne für vier gewonnene Weltmeisterschaften. 2021 kam es zu einem frühzeitigen Ausscheiden der deutschen Mannschaft. Sie konnte nach Hause gehen.

Vielleicht wäre es gut gewesen, bescheidener und realistischer aufzutreten. War nicht bei den Weltmeisterschaften von 2014 das Siegestor von Mario Götze ein Glücktreffer? Es hätte ganz anders sein können.

Bei den Siegesfeiern wurde dies eher vergessen. Alle aus der Mannschaft waren Weltmeister, jeder Einzelne ein „Vier-Sterne-General". Man verdrängt gern, dass es vielleicht auch ein glücklicher Zufall war, dass Mario Götzes Ball im Tor landete.

Ein unglücklicher Torschuss von Thomas Müller beendete die weitere Teilnahme der deutschen Mannschaft 2021. Im Grunde macht dies ja Fußballturniere spannend, dass der Sieger nicht vorausgesagt werden kann. Thomas Müller hat der unglückliche Torschuss immerhin einen Kommentar im Feuilleton der Frankfurter Allgemeinen Zeitung eingebracht (FAZ, 1.7.21).

Vor diesem Hintergrund ist es nicht überraschend, wenn explizit auf religiöse Sprache zurückgegriffen wird. Die Rede ist vom „Fußballgott" (dazu: Nadler 2008, 149 - 158, sowie Art. Wikipedia, Art. Fußballgott, Abruf am 22-02-2021, Der Artikel enthält einen Abschnitt „Der Fußballgott-metaphysische Fußballinstanz"). Wenn der Glaube an Gott die Kontingenz des Lebens erträglich macht, kann verstanden werden, warum ein Begriff wie „Fußballgott" entstehen konnte. Fußball lebt von Kontingenzerfahrungen.

Die Olympischen Spiele der Neuzeit

Im Sommer 2021 haben nicht nur die Fußballmeisterschaften stattgefunden, sondern auch die von 2020 auf 2021 verschobenen Olympischen Sommerspiele in Tokio. Was zum Thema Fußball und Religion zu sagen ist, gilt eigentlich für alle Sportturniere. Deutlich wird das bereits in den programmatischen Äußerungen des Initiators der Olympischen Spiele der Neuzeit, Pierre de Coubertin. Zwei seien hier zitiert:

„Das wichtigste im Leben ist nicht der Triumpf, sondern der Kampf; das Wesentliche ist nicht gesiegt, sondern sich wacker geschlagen zu haben. Diese Regel weit verbreiten, heißt die Menschheit tapfer und stärker und dennoch edelmütiger und feinfühliger zu machen."

(Das Zitat ist das Motto des Herausgebers von Pierre de Coubertin, Olympische Erinnerungen.)

Und in einem Rundfunkvortrag hat de Coubertin gesagt:

„Das erste und wesentliche Merkmal des alten wie des modernen Olympismus ist: eine *Religion* sein. Durch Leibesübungen formte der Wettkämpfer der Antike seinen Körper, wie der Bildhauer eine Statue, und ehrte dadurch die Götter. Der Wettkämpfer der Neuzeit, der gleiches tut, erhöht damit sein Vaterland, seiner Rasse und seiner Fahne."

(Coubertin 1959; 217f. inn einem Rundfunkvortrag „Die philosophischen Grundlagen des modernen Olympismus" vom 4.August 1935)

Wenn de Coubertin von Religion redet, meint er nicht das Christentum seiner Zeit, er meint die griechische Religion. Damit steht er auch unter dem Einfluss des europäischen Interesses am Griechenland des Altertums, das in den deutschen Ländern schon im frühen 19. Jahrhundert, wie etwa bei Hölderlin, wahrzunehmen ist.

Die Olympischen Spiele der Neuzeit sind von diesen Einflüssen mitgeprägt, man denke nur an den Fackellauf von Olympia in Griechenland bis Tokio und die Entzündung des Olympischen Feuers als Höhepunkt der Eröffnung der Spiele.

Wohl in allen Sportarten von Olympia kann wahrgenommen werden, dass das Faszinosum und Tremendum der Kämpfe nicht zuletzt darin besteht, dass Erlebnisformen von Religion erlitten und auch von den Zuschauern miterlebt werden. Es geht um die Erfahrung der Kontingenz des Lebens. Es kann immer alles zufällig anders sein. Das Leben ist nicht voll berechenbar und doch sind Können und Wissenschaft planbar. Auch die Könner bleiben letztlich dem Zufall ausgeliefert. Dies muss in der expliziten Religion und im scheinbar Übermächtigen des Kontingenten im Sport erträglich gemacht werden.

Niklas Luhmann hat in seinen in frühen Schriften die These vertreten, dass die Funktion der Religion darin bestehe, die Kontingenz des Lebens erträglich zu machen (Luhmann 1972, 250-251). Nach Luhmann geschieht dies in der expliziten Religion im Glauben an Gott als letzte Wirklichkeit (Luhmann 1972, 255) Zu Luhmann auch Pollak 2001 und Wikipedia Art. Kontingenz). Der Gottesglaube hebt den Zufall auf.

In den Sportspielen ist die Hoffnung, das Können der Sportlerin oder des Sportlers hebe den Zufall auf. Doch es ist ganz anders. Man darf nur an das Doppelturmspringen erinnern. Ein winziger Fehltritt bedeutet das Ende der Hoffnung auf die Medaille. Was bleibt, ist die Enttäuschung. Wenn der Sprung gelingt, verwandelt sich die Angst in unendliches, kaum glaubbares Glück, verbunden mit dem Wissen, dass es ganz anders hätte ausgehen können. Die implizite Religion der Sportspiele kann sich dann in explizite verwandeln, in den Gottesdank, manchmal sichtbar, in der Regel heute herzensverborgen.

Und die Zuschauer und Zuschauerinnen, in der Nähe und vor dem Fernsehgerät? Sie erleben, trauern und freuen sich mit, wenn die Medaille auf dem Treppchen umgehängt wird. Auch sie wissen, dass es zufällig auch anders hätte sein können. Die Hoffnung auf das eigene Können der Sportler macht Kontingenz erträglich. So haben Sportspiele doch viel mit Religion zu tun.

Dies gilt nun auch gerade für die Eröffnungs- und Schlussfeiern bei allen Turnieren, vor allem aber bei den Olympischen Spielen. Deren Eröffnungs- und Schlussrituale scheinen auch für die Fußballturniere Vorbild gewesen zu sein. In diesen Feierlichkeiten ist aber wohl Religion Pate gestanden.

Der Protestantismus ist arm an feierlichen Ritualen, nicht so der Katholizismus: Da wären beispielsweise der Einzug der Priester ins Gotteshaus, manchmal mit Fahnen, oder auch Fronleichnamsprozessionen. Viele andere Religionen der Welt kennen derartige Bräuche.

In der Regel fehlen Predigten in christlichen Gottesdiensten nicht. Bei den großen Sportfeiern übernehmen das die verantwortlichen Funktionäre. Dank wird zum Ausdruck gebracht und Hoffnung ausgedrückt, Mahnungen auf den Weg gegeben. Sportler sind Vorbilder für den Leistungswillen von Einzelnen und Mannschaften, die bis zum Umfallen kämpfen. Und vor allem der Sport eint die Menschheit, so wie bei Olympia. In einer langen Geschichte haben Religionen zu Spaltungen und Kriegen geführt. So soll es im Sport nicht sein. Nicht zuletzt Olympia führt die Menschen zusammen, zu fairen Kämpfen und darüber hinaus zu Erfahrungen der Einheit des Menschengeschlechts.

Die olympische Idee der Neuzeit knüpft an vorchristliche Traditionen an, an jenes altgriechische, große Sportfest mit Fackellauf und olympischer Flamme. Es ist kultisches Feiern, auf vorchristlichen Traditionen basierend. Immer noch brennt das ewige Licht in katholischen Kirchen, fast ein alltägliches/Lichtlein. Bei den Olympischen Spielen ist es anders. Die brennende Fackel wird ins Stadion getragen und flammt in Größe auf. Und die Flamme erlischt, wenn die Spiele beendet sind. Das Feuer ist Licht, mit der Sonne vergleichbar. Das Feuer ist verzehrend, wie wir es nicht zuletzt im Sommer 2021 an vielen Orten der Erde erleben.

Religionssoziologische Schlussüberlegungen

Spätestens seit der Französischen Revolution von 1789 wird offenkundig, dass sich auch die Bedeutung der christlichen Religion in den westeuropäischen Gesellschaften und in Nordamerika grundlegend zu ändern begonnen hat. Dabei geht es nicht nur um eine Änderung auf staatlicher Ebene, auf Grund der Politik Napoleons, sondern vielmehr um neue Formen der Kontingenzbewältigung. In diesem Zusammenhang entsteht auch eine neue Körperkultur.

Weder im Christentum noch im Judentum oder im Islam spielt Körperkultur eine besondere Rolle. Jetzt aber entstehen im frühen 19. Jahrhundert Turnvereine, in erster Linie für Männer. Die Bedeutung der Körperkultur wird Mitte des 19. Jahrhunderts sogar von christlichen Vereinen erkannt und in das eigene Programm übernommen. Dies gilt etwa für den YMCA, dem Christlichen Verein junger Männer. Handball- und Fußballvereine sowie die Organisation von Turnieren entstehen später. Das Gründungsjahr des Vereins wird manchmal in den Namen übernommen.

Insgesamt hat sich das gesellschaftliche Leben grundlegend verändert. Religiöses gesellschaftliches Leben tritt zurück, der Sport gewinnt an Bedeutung. Heute genügt in Deutschland ein Blick auf die Nachrichtensendungen der öffentlich-rechtlichen Sender. Im ZDF wird der Sportteil von einem eigenen Sprecher vorgetragen. Es ist undenkbar, dass an Stelle des Sportberichts ein Religionsbericht steht. Religionen sind nur interessant, wenn sie auffällig werden, etwa durch den sexuellen Missbrauch von Priestern.

Die Kontingenzerfahrungen des Lebens müssen trotzdem bewältigt werden. Der Gottesglaube muss also durch funktionale Äquivalente ersetzt werden. Durch den Sport scheint es möglich zu werden, Erfahrungen zu machen, die die Kontingente des Lebens durch Leistung minimieren. Der Sportler zeigt durch seine Leistung, dass Kontingenzbewältigung eben durch Leistung gelingt. Bilder von Fußballspielern werden geradezu zu Kultbildern, Bilder der Fußballgötter, der neuen Heiligen.

Bleibt noch die Ebene der gesellschaftlichen und politischen Funktion von Religion. Einheitliche Religionspraxis integriert Gesellschaften, dies war das Lösungsmodell in Deutschland seit dem frühen 17. Jahrhundert. Die Region des Landesfürsten bestimmt die öffentliche Religion des Fürstentums. Die Funktionalität dieses Modells zerbrach, spätestens seit den Gebietsreformen von Napoleon.

In gegenwärtigen Demokratien müssen politisch Handelnde ihr Tun und Lassen vor der Öffentlichkeit und vor sich selbst verantworten. Die Eidesformel „So wahr mir Gott helfe" erscheint hohl und unglaubwürdig. Vor dem Hintergrund entstand denn auch das Programm eines nichtreligiös fundierten Weltethos. Dieses ist institutionell und programmatisch durch Hans Küngs Weltethos-Institut in Tübingen öffentlich wirksam geworden. Zwei Beispiele sind nennenswert:

Das erste Beispiel

Helmut Schmidt, Altbundeskanzler, sprach in einem Tübinger Vortrag 2007 von einer Orientierung an Vernunft und Gewissen. Der Politiker stehe unter dem Zwang, Entscheidungen treffen zu müssen, bei denen er sich nicht an Prinzipien religiöser Traditionen orientieren könne, wohl aber an Vernunft und Gewissen (H. Schmidt 2007, 11). In säkularen Gesellschaften sei allein dies akzeptabel und begründungsleistend.

Das zweite Beispiel

Der Dalai Lama leugnet die Bedeutung der Religionen nicht, aber er ethisiert sie. In einem Gespräch mit Franz Alt antwortet er auf dessen Frage „Was ist die Grundlage aller Regionen?"

„Die Liebe.! Keine Frage. Menschen glauben an Gott, den Schöpfer, sie praktizieren Liebe. Viele christliche Brüder und Schwestern widmen ihr Leben der Hilfe für andere Menschen, besonders für Arme. All dies ist das Ergebnis der Lehre der Liebe." (DalaiLama, 2015)

Die Äußerungen zeigen, dass Religionen nicht eo ipso als Begründungshintergrund dienen können.

Wenn noch einmal ein Blick auf die Schlussfeier der Olympischen Spiele geworfen wird, mag deutlich werden, dass ein Beitrag zum Weltfrieden vor allem vom Sport, eben von den Olympischen Spielen der Neuzeit, erwartet wird. Nicht die katholische Weltkirche, nicht der Ökumenische Rat der Kirchen sind die eigentlichen Friedenstifter, sondern die Olympiaden, die voller religiöser Konnotationen sind: „Freude schöner Götterfunken, Tochter aus Elysium, wir betreten feuertrunken, Himmlische, dein Heiligtum…". Das Olympia der Neuzeit knüpft an die altgriechische Religion an, bewusst an: „Alle Menschen werden Brüder, wo dein sanfter Flügel weilt." Ohne Religion scheint der Weltfrieden doch nicht in Sicht zu sein.

Literatur

Pierre de Coubertin 1959, Olympische Erinnerungen, 2. Auflage, hg. V. Carl Diem, Frankfurt am Main: Verlag Wilhelm Lampert

Karl-Fritz Daiber 197, Die Rituale der Sportspiele, in: K.-F. Daiber, Kirche und Gesellschaft, Stuttgart 199: Kohlhammer, 189-201

Der Appell des Dalai Lama an die Welt – Ethik ist wichtiger als Religion 2015, Walls bei Salzburg: Benevento Publishing House.

Der Band ist als Interview angelegt. Die Fragen stellt Franz Alt. Ich hatte nur die Kindle-Ausgabe zur Verfügung.

Marco Nadler 2008, Fußball & Religion. Eine dokumentarische Bestandsaufnahme, GRIN.

Wikipedia, Art. FußballGott, Abruf am 22-02.2021

Wikipedia Art. Kontingenz (Soziologie), Abruf 23.07.2021

Niklas Luhmann 1972, Die Organisierbarkeit von Religionen und Kirchen, . J. Wössner (Hg.), Religion im Umbruch, 245-285

Detlef Pollak 2001, Probleme der funktionalen Religionstheorie Niklas Luhmanns, Soziale Systeme 7 (2001), Heft 1, 5-22

Helmut Schmidt, 2007, Zum Ethos des Politikers, Siebte Weltethos-Rede von Alt-Bundeskanzler Helmut Schmidt, gehalten am 7. Mai 2007 im Rahmen einer Veranstaltung des Weltethos-Instituts Tübingen, Abruf im Internet 10.August 2021

Sowie unzählige Artikel der Printpress